小学安全教育

三年级

主　编　戴国栋

副主编　马成吉　范迎梅　胡勇全　耿金勇

编　委　张　智　陈　军　李千溪　罗红军
王立忠　杜士平　孙红军　乔立秋
马桂林　李季秋　林丽芬　田　勇
范慧丽　陈　蕾　姜翠华　杨海红
戴晓雨　戴维天　刘占军　杨宏大
罗　鹏　宋先锋　赵玉柱　杨玉明
郑文利　张文举　王亚东　王海涛
梁　红　李　恒　曲德全　王宝君
张彦军　张光辉

大连出版社
DALIAN PUBLISHING HOUSE

图书在版编目(CIP)数据

小学安全教育．三年级 / 戴国栋主编．—大连：
大连出版社，2012.2
ISBN 978-7-5505-0269-7

Ⅰ.①小… Ⅱ.①戴… Ⅲ.①安全教育-小学-教材
Ⅳ.①G624.101

中国版本图书馆CIP数据核字（2012）第024198号

出 版 人：刘明辉
策划编辑：李 鹏
责任编辑：金 琦
封面设计：布洛戈营销策划
责任校对：尚 杰
责任印制：徐丽红

出版发行者：大连出版社
地址：大连市西岗区长白街10号
邮编：116011
电话：0411-83621171/83620941
传真：0411-83610391
网址：http://www.dlmpm.com
邮箱：lp@dlmpm.com
印 刷 者：大连日升印刷厂
经 销 者：各地新华书店

幅面尺寸：185mm×260mm
印 张：3
字 数：45千字
出版时间：2012年2月第1版
印刷时间：2012年2月第1次印刷
书 号：ISBN 978-7-5505-0269-7
定 价：10.00元

前言

近些年，自然灾害频发，校园暴力、交通事故以及信息网络事件、公共卫生事件和社会突发事件也屡有发生，使很多学生受到不同程度的伤害。为了最大限度地预防安全事故发生和减少安全事件对中小学生造成的伤害，保障中小学生健康成长，我们按照国务院颁发的《中小学公共安全教育指导纲要》的要求，编写了这套中小学安全教育教材。本套教材旨在教育学生提高安全意识，掌握必要的安全知识和技能，了解相关的法律法规常识，养成安全应对日常生活和突发事件的习惯。同时，帮助学生树立和强化安全意识，正确处理各种关系和解决各种矛盾，切实保障自身安全，使学生充分认识到个人安全和社会公共安全的重要意义，做好防范敲诈勒索等恐怖事件的心理、思想准备，并掌握必要的应对办法。教育学生不参加影响和危害社会公共安全的活动，树立国家安全意识和社会责任感，自觉维护公共秩序，维护社会稳定。抵制抽烟、酗酒、赌博、吸毒等不良行为习惯，预防违法犯罪。培养和教育学生树立正确的人生观、价值观、道德观，使学生更加热爱中国共产党，热爱祖国，热爱人民，热爱社会主义，努力成为社会主义的建设者和接班人。

本套教材针对不同年级学生，合理安排不同层次的内容，由浅入深地逐条落实《中小学公共安全教育指导纲要》的全部重点教育内容。坚持符合学生的认知特点，注重实践性、实效性、实用性和趣味性，并做到与地方安全教育实际状况有机结合。尽力做到点与面结合、知与行统一，在对学生进行安全知识教育的同时，注重思维训练和技能演练，促使学生进一步掌握安全自救和救助的技能及办法。本套教材图文并茂，故事性强，案例生动，十分适合中小学生使用。

本套教材在编写过程中，得到了众多一线教师的积极支持和大力帮助，很多名师亲自参与课程设计和教材修改，使本套教材具有课堂实际教学的可操作性，在此表示衷心的感谢。当然，由于编写匆忙和水平有限，不足之处在所难免，诚望不吝指正，我们将不胜感激！

编 者

2012年1月

目录

第1课 遵守交通规则

小明是三年级的学生，以前，他不知道违反交通规则的危险性。他总认为，开车的司机是长眼睛的，因此是不会撞到人的。

有一次，在上学的路上，小明如往常一样走在人行道上，也和往常一样边走边玩，一边唱着小曲，一边悠着书包，不知不觉逛到路中间。这时突然冲过来一辆大货车，多亏司机刹车及时，不然就把小明撞飞了。司机下车向小明道歉，同时告诉小明不要在马路中间玩，这样做会很危险的。

一年过去了，小明的老毛病又犯了。周日那天，他上街去给奶奶买药，当走到大桥拐弯处时，他想快走几步就过去了，可刚走三步就被一辆轿车撞倒在地。司机随即将小明送到医院，经诊断，小明肋骨骨折，头部重伤。小明住院三个多月才恢复健康。

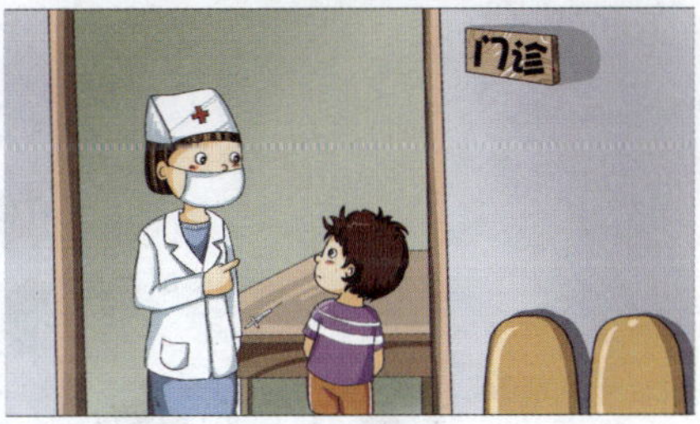

小明上学后，和其他小朋友讲的第一句话就是一定要遵守交通规则。“上次买药没丢掉性命真是万幸啊。多亏那位叔叔开得慢，又刹车及时，否则，我的小命就没了。”小明十分懊悔地说，“回想起来，真害怕啊！”他永远不愿再出现那种让人惊心动魄的场景。

想一想 说一说

小明为什么接二连三地遇到交通危险？你想怎样告诫他？

看一看 学一学

1. 上下车要排队。
2. 要文明乘车。
3. 过马路要看红绿灯和过往车辆。
4. 行人应在人行道内行走，没有人行道要靠右侧通行。

①

②

③

④

1．2006年11月21日，黑龙江省双城市一辆满载小学生的非法“送子车”，在营运途中发生坠桥翻车事故，造成8名小学生死亡，39名小学生受伤，其中7名小学生受重伤。

2．2003年2月11日14时5分，北京市大兴区黄村镇狼各庄村村民薛某（女，7岁）由南向北步行横穿公路，恰遇河北省固安县解甲务村司机杨某（男，19岁）驾驶农用四轮车由东向西驶来，农用车将薛某撞倒，薛某受伤，送医院抢救无效，当日死亡。

3．2003年3月31日11时55分，河南省某县小学生杨某（男，8岁），在丰台区富丰桥东韩庄子路口由北向南步行横穿机动车道时，被由西向东驶来的李某（女，24岁）驾驶的公共汽车当场轧死。

4．2003年6月7日12时30分，北京市某区李某（男，8岁）骑自行车由东向西行至房山区房郑路潘家庄路口时，恰遇湖北省雄县小步村村民韩某（男，35岁）驾驶小客车由南向北驶来，两车相撞，李某经医院抢救无效于6月10日死亡。

情感体验　实际演练

1．乘车中遇到老弱病残孕和怀抱婴儿的人时，应主动让座。

2．车辆行驶时，要坐好或站稳，并抓住扶手，防止紧急刹车时摔倒。

3．不能将身体的任何部位伸出车外，不能在车厢内大声叫嚷，要做个文明的小乘客。

4．下车后，要注意安全，不要从车前突然穿出或猛跑过马路，以免发生事故。

预防与应对

1．横穿马路须走人行横道。

2．通过有交通信号控制的人行道，应做到红灯停，绿灯行；通过没有交通信号控制的人行道，要注意来往车辆，不要追逐、奔跑。

3．没有人行横道的，须直行通过时，不要在车辆临近时突然横穿；有人行过街天桥或地下通道的，须走人行过街天桥或地下通道。

4．不要在道路上玩耍、坐卧或进行其他妨碍交通的行为。不要向过往的车辆投掷石子或物品，不要追车或扒车。

5．不满12周岁的孩子不能在道路上骑自行车，不满16周岁的孩子不能在道路上骑电动车。

6．骑车时要集中精力，谨慎骑车。

7．不打伞骑车，不脱手骑车，不骑车带人，不骑“病”车，不骑快车，不与机动车争抢赛跑，恶劣天气不骑车。

8．骑车转弯前要减速慢行，向后瞭望，并伸手示意要转弯的方向。

9．乘公共汽车要等车停稳后再上下车，在车上要抓好扶手，头、手等身体部位不能伸出窗外，管好身边物品，防止扒窃。

10．乘坐两轮摩托车必须头戴安全头盔，不准倒坐或侧坐。不乘坐超载车辆，不坐非法营运车辆。在乘车、转车途中一定要遵守交通规则，注意人身、随行物品安全。如有学生假期外出旅游，学校或家长应加强安全防范教育，防止意外伤害发生。

学儿歌

遵章行

遵规守章讲文明，交通规则要记清。
红灯停，绿灯行，乱闯红灯事故生。

马路中间不玩耍，扒车追车更不行。
翻越护栏最危险，走路精神要集中。

横穿马路不要跑，十字路口要慢行。
前后左右看仔细，保证安全才通行。

第2课　冬冬家失火

冬冬放学回家，他刚一打开家门，一股浓烟就蹿了出来。冬冬马上意识到屋里着火了，怎么办？冬冬马上拨打电话，挂通了“119”，说清楚了自家的方位——××街道，××小区，第×栋楼×单元××号。然后，他用湿毛巾捂住口鼻，冲向屋内总闸处，切断了电源，又马上转身逃了出来。很快，消防队的叔叔赶到，将火扑灭了。

原来，冬冬家的电饭锅插座接触不好，总是打火。冬冬告诉爸爸妈妈赶紧找电工修理，可因为爸爸外出打工，妈妈摆摊又很忙，就把这件事耽搁了，最终导致连电起火。若不是冬冬关了总闸，消防队的叔叔也不可能及时控制住火情。冬冬妈妈非常后悔，如果及早修理电饭锅插座，就不会发生火灾了。

想一想 说一说

冬冬家的火灾是怎么引起的？说说容易引起火灾的原因有哪些。

看一看 学一学

1．出门前不忘关掉家用电器开关。

2．被火围困时，想方设法迅速脱离险境。穿过浓烟时，要尽量使身体贴近地面，并用湿毛巾捂住口鼻。

3．校园起火时，不要乱跑，严防踩踏事故发生。要按照统一指挥，有秩序地撤离火灾现场。

4．学会用灭火器灭火。

①

②

③

④

阅读案例 分组讨论

1．2008年11月14日6时10分左右，上海商学院徐汇校区一女生宿舍楼发生火灾。火势迅速蔓延，烟火很大，被困学生中有4名女学生在消防队员赶到之前从6楼宿舍阳台跳楼逃生，不幸全部遇难。初步判断火灾事故原因是，学生在寝室里违规使用“热得快”，将周围可燃物引燃。

2．2007年8月11日，合肥一所高校女生宿舍楼一寝室突发大火，寝室内所有衣服、被褥、书籍及室内木制品等被烧毁。因大火被及时扑灭，没有造成人员伤亡。经查，原来是手机在无人时充电，充电器过热引发火灾。

情感体验　实际演练

1．假设学校教室着火，分组试做逃生演练。

2．假设家里夜晚失火，试做救火和逃生演练。

预防与应对

1．一旦身受火灾威胁，千万不要惊慌失措，要冷静地确定自己所处位置，根据情况及时逃生。

2．发生火灾时，如果身处平房，且门的周围火势不大，应迅速从门口出去离开火场，也可以选择从窗口跳出。还可以采取淋湿衣服，用湿衣物包住头部再逃离火场的方法。

3．发生火灾时，如果身处楼房，不要盲目打开门窗，否则有可能引火入室。不要盲目乱跑，更不要跳楼逃生，这样会造成不应有的伤亡。可以躲到居室里或阳台上，紧闭门窗，隔断火路，等待救援。有条件的，可以不断向门窗上浇水降温，以延缓火势蔓延。

4．在失火的楼房内，逃生不能使用电梯，应通过防火通道走楼梯脱险。因为失火后电梯竖井往往成为烟火的通道，并且电梯随时可能发生故障。

5．因火势太猛，必须从楼房内直接逃生的，可以从二层处跳下，但要选择不坚硬的地面，同时应从楼上扔下被褥等增加地面的缓冲，然后再顺窗滑下，要尽量缩小下落的高度，做到双脚先落地。

6．在有把握的情况下，可以将绳索（也可将床单等撕开连接起来）一头系在窗框上，然后顺绳索滑落至地面。

7．发现火灾要迅速拨打火警电话“119”，报警时讲清详细地址、起火部位、着火物质、火势大小、报警人姓名及电话号码，并派人到路口迎候消防车。

8．油锅着火时，不能用水泼，应关闭炉灶燃气阀门，直接盖上锅盖或用湿抹布覆盖灭火。

9．燃气管着火时，要用浸湿的被褥、衣物等捂盖灭火，并迅速关闭阀门。

10．家用电器或线路着火时，要先切断电源，不可直接泼水灭火，以防触电或电器爆炸伤人。可使用不导电的灭火器灭火。

11．受到火势威胁时，要当机立断，披上浸湿的衣物、被褥等向安全出口方向冲出去。

12．身上着火时，千万不要奔跑，应就地打滚或用厚重的衣服压灭火苗。

13．火灾袭来时要迅速逃生，不要贪恋财物，不要以牺牲生命为代价去抢救财产。

14．室外着火时，如果门已发烫，千万不要开门，以防大火蹿入室内。要用浸湿的被褥、衣物等堵塞门窗缝，并泼水降温。

15．若火场逃生之路均被大火切断，应退居室内关闭门窗，有条件的可向门窗上浇水，延缓火势蔓延，同时向窗外求救。

学儿歌

防火灾

儿童千万别玩火，玩火就会有恶果。
火烧财产惹横祸，财毁人亡了不得。

火灾发生要冷静，安全逃生迅速撤。
措施方法要得当，大难当头要化解。

报警拨打“119”，消防叔叔来灭火。

第3课　小欣食物中毒了

小欣是班级的三好学生，学习可有劲头了，每次考试都拿第一。她既听老师话又讲究卫生，是个品学兼优的好孩子。她也从不买零食，怎么能食物中毒呢？听说到医院住院了，看来病得不轻。我是小欣的好朋友，我要去医院看望她。

我买了几斤苹果，听说苹果是平安的意思，但愿她吃了苹果后就平安了。我到了住院处打听到小欣住的房间，进了门，我看到小欣在挂着点滴，小欣的母亲张阿姨在给她喂开水，小欣显得有气无力的。

我问："小欣，你怎么了？"没等小欣开口，张阿姨就说："今天早上，我炖了排骨和豆角，想给小欣改善一下伙食，谁料想，小欣急着上学，没等豆角熟就要吃，于是就中毒了。""啊？！"我这才知道豆角没熟就吃会中毒。大夫走过来说："她吃得少，所以中毒轻，如果多吃，中毒就严重了。"我心想，这么危险呀，今后可得小心。临别，我告诉小欣："不要难过，好好养病，我可等着跟你一起上学呢。"我举起拳头，做出"加油"的动作，小欣微微一笑。我告别张阿姨的时候，张阿姨流着眼泪送走了我。我知道此时张阿姨心里很难过。我心里暗自思忖：食物中毒太可怕了，一定要注意食品安全和饮食卫生，只有这样才能保证健康。

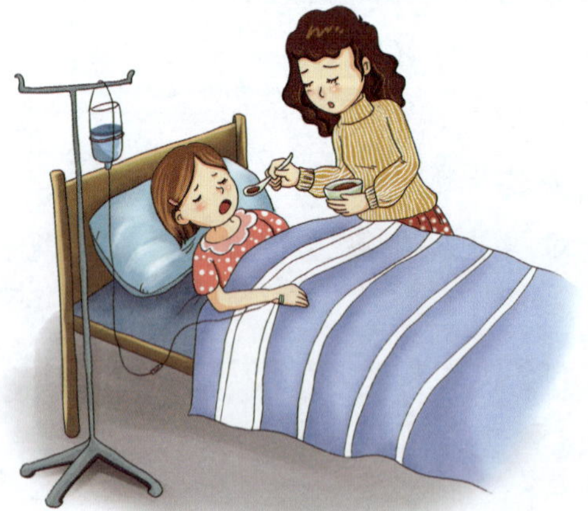

小欣是如何中毒的？你知道食物中毒的其他案例吗？

1. 注意饮水卫生，要喝开水，不喝生水。
2. 蔬菜要洗干净，多吃新鲜蔬菜。
3. 不吃腐烂变质和无地址、无生产日期、无保质期的“三无”食品。
4. 要养成饭前便后洗手的好习惯。

①

②

③

④

阅读案例 分组讨论

1．2005年11月8日，江西省某学校发生一起学生集体食物中毒事件。这个学校的大部分学生中午在校就餐，就在事发当天，午饭后很多学生感觉不舒服，慢慢地出现脸上潮红、头昏、呕吐等症状。经校医对全校7000名学生逐一排查，结果有75名学生被诊断为食物中毒。经赣州市卫生、食品药品监督部门检查发现，中毒事件是因学生食用含瘦肉精的牛肉引起的。

2．2005年11月10日，河南省潢川县某小学16名学生在饮用学生奶后，出现不同程度的恶心、呕吐、低烧等不适症状。事情发生后，学校立即将学生送到医院进行医治。

情感体验　实际演练

1．试演一个学生食物中毒后，可能出现的症状。

2．试演如何拒绝小贩们各种花招的诱惑，抵制垃圾食品。

预防与应对

1．不随意购买、食用街头小摊贩出售的劣质食品、饮料以及“三无”（无产地、无生产日期、无保质期）食品、饮品。

2．不喝生水。不食用过期食品和饮料。

3．不要到卫生条件较差的地方进餐。

4．不生吃海鲜、河鲜、肉类等。

5．生吃瓜果要洗净。如果不清洗干净，不仅可能染上疾病，还可能造成农药中毒。

6．不食用陌生人递送的食物及饮品。

7．在饮用或食用前，要对其进行一闻二看三品，如有异常，应立即停止饮食。

8．注意饮食卫生，不在剧烈运动后大量喝凉水，不要暴饮暴食，不要食用发霉、发酸、变馊、变质的食物，以防食物中毒。

9．养成良好的个人习惯，要注意个人卫生，把住病从口入关，养成饭前便后洗手的良好习惯。

10．不吃发芽的土豆或没有煮熟的豆角，不吃有毒的蘑菇和不认识的山野菜。尽量不吃油炸和烧烤食品。尽量不吃剩饭菜，如果要吃，则须经过高温加工。

学儿歌

保健康

讲卫生，不得病，饭前便后手洗净。
变质食品莫入口，“三无”产品没保证。

油炸烧烤要少用，少吃零食少得病。
中毒马上送医院，急救拨打“120”。

水果蔬菜洗干净，生食生水不食用。
病从口入要记住，决不放松警惕性。

第4课 小莹没有给陌生人开门

今天是星期日，小莹没有上学，在家休息。爸爸是出租车司机，所以一大早就出车了，妈妈去乡下姥姥家了。剩下小莹自己倒是可以好好放松一下了，她烧好了开水，想洗个热水澡。忽然，“当当当”一阵敲门声，小莹警觉地问道：“谁呀？”就听外面有人说：“修煤气管道的。”小莹透过“猫眼儿”看去，有两个年轻人身着蓝色工作服，上面还写着“煤气检修”四个字呢。小莹刚要开门，但转念一想，上次小丹家就去了两个查水表的工人，也是小丹自己在家，当她打开防盗门时，两个人马上将小丹的手脚捆绑，用毛巾堵住了嘴，将小丹家洗劫一空。

想到这，小莹便决定拒绝开门。“对不起，我爸爸、妈妈不在家，请改日

再来吧。”其中一个人一脸着急的样子，说：“楼下的煤气管爆了，管道一直裂到你们家，必须赶快抢修，不然要发生爆炸。”小莹斩钉截铁地说：“那也不行，大人不在家，不能让你们进屋。”

又过了一会儿，两个年轻人领来一位阿姨。阿姨敲敲门说：“小莹，我是你孟阿姨，煤气管不修不行啊，煤气泄漏会中毒死亡的。”小莹透过“猫眼儿”看去，咦，她怎么知道我的名字呢，我不认识她啊。不过万一不修导致爆炸了怎么办呢？小莹还是半信半疑，不行，还是不能开门，给爸爸打电话。于是说了一声“你们等一会儿”。

小莹给爸爸打了电话，说明了事情原委。由于听说前些日子有人冒充检修工到各家行骗，所以爸爸也觉得这件事蹊跷，于是马上到派出所报了案。派出所的同志赶到小莹家，那三个人还在等候开门呢。警察叔叔拿出照片比对，发现这三个人正是警方通缉捉拿的犯罪嫌疑人，巧合的是小丹家的东西也是他们抢劫的。警察问那个女的怎么知道小莹的名字，她说她已经跟踪小莹一周了，楼下煤气管道出了毛病她也调查得一清二楚，就是想利用这个机会实施诈骗进行抢劫。

爸爸伸出大拇指夸赞小莹：“我的女儿警惕性真高。了不起！”不久，民警叔叔和居民委员会的阿姨还给小莹送来了大红花，班主任老师号召全班同学向小莹学习，学习她在遇到危险时，既沉着又机智，勇敢帮助警察擒到了犯罪分子。

想一想 说一说

面对陌生人，小莹没有开门，即使叫出了她的名字，也没有开门，这样做对吗？如果开了门，会出现怎样的情况呢？

看一看 学一学

1．远离陌生人，不吃陌生人赠送的食品。
2．不和陌生人搭话、交谈、往来。
3．不向陌生人泄漏家庭手机、电话、住址、存折密码等信息。
4．陌生人让你带路一定不要去。

①

②

③

④

阅读案例 分组讨论

四川绵阳一个5岁的小姑娘，由于轻信陌生人，被哄骗拐卖到邻省。等到费尽周折回到家乡，已是18年之后，悔恨和痛惜的泪水冲刷不了骨肉分离的哀伤。由于受陌生人欺骗遭遇各种不幸的案例在青少年中屡屡发生。

情感体验 实际演练

1. 陌生人敲门，声称自己是看水表的，你该怎样应对？
2. 遇到歹徒劫持，你该怎样应对？

预防与应对

1．独自在家时不要给陌生人开门。如：“我是你爸爸（或妈妈）的同事，你的家人给你买好吃的了，让我给你带回来”；“我是你爸爸（或妈妈）的同事，你的家人出事故了，让我来接你”；“我是看煤气表（水表）的，请你开门”等。不管陌生人怎样诱骗，我们一定不要上当，不要开门。

2．如遇陌生人问路，可以告知大概方向，但不能答应带他一起去。

3．不接受陌生人送的礼品、食品，不乘坐陌生人的车。

4．未经老师允许不能出校门。

5．一旦发现有陌生人尾随或是不停纠缠，应迅速跑向人多的地方，或是寻求街上巡逻民警的帮助。

6．如遇到陌生人以各种理由闯入家中，要在保证人身安全的情况下，与其斗智斗勇，不要硬拼。

学儿歌

防危害

不要接触陌生人，生人来访别开门。
上学放学不单走，后面尾随要留神。

花言巧语不要信，小恩小惠要小心。
遭遇劫持莫慌乱，机智勇敢寻机逃。

平时注意讲安全，时时处处要小心。
防止危害要谨慎，提高警惕防坏人。

第5课　一次愉快的假日旅游

放暑假了，小群特别高兴，紧张的学习生活总算告一段落，她想去看看内蒙古大草原。那一望无际的大草原是多么的辽阔啊，美丽的白云在蔚蓝色的天空飘啊飘，洁白的羊群在绿色的原野跑啊跑。她想去天山看雪莲，又想去桂林看秀丽的山、清澈的水。是啊，假期是得好好玩一玩啊，可是小群的爸爸在外地打工，妈妈在市场上卖货，他们都不能陪她出去玩。小群的妈妈很理解女儿的心理，决定请一天假，带着女儿到附近的二龙山逛一逛，玩一玩。

母女二人带上水果和凉开水，头上戴着太阳帽，又带了一把雨伞兴高采烈地出发了。小群自从上了安全教育课，知道怎样做才安全：乘坐公共汽车，她和妈妈排着队上车，坐在车上，不把头

和手伸向车窗外。车到站了，等车停稳了，她才和妈妈排队下车。来到了二龙山，小群被这湖光山色给迷住了，美丽的湖水碧波荡漾，点点白帆在水中摇曳。妈妈说：“小群，咱们坐游船吧！”

母女俩买完了票，依次排队上了游船。小群第一次登上游船，欣喜若狂。“妈妈，你看那大鱼直往船上蹦。”妈妈顺着小群指的方向看去，果真有一条大鱼跳到船上来了。“妈妈，你看那水鸟在天空中翻跟头呢。”妈妈抬眼望去，一对灰白色的鸟在追逐嬉戏呢。妈妈告诉小群要注意安全，小群说：“我知道，我不会到船边去的。”

上岸后，母女二人随着人流去登二龙山。二龙山山高路险，很难攀登，妈妈说：“小群，太危险的地方咱就不去了。”小群爽快地回答：“行，老师说了，不要到危险的地方去。”爬了二龙山后，小群和妈妈就感到很疲惫了。还有一些游玩项目，什么穿山车、登石岩、射击等，小群不想再让妈妈花钱，因为妈妈挣钱实在不容易，就对妈妈说：“妈妈，今天玩得很开心，我有些累了，咱们回去吧。”妈妈拍着小群的肩膀问：“玩够了吗？”小群笑了笑：“玩够了。”母女俩便乘上了返回的公共汽车。

小群在旅游途中注意了哪些安全事项？

看一看 学一学

1. 远离施工现场。
2. 不攀爬树木和翻越墙头。
3. 不单独到池塘、湖泊、江河、海边去游泳。
4. 捉迷藏不要躲到危险的地方。

①

②

③

④

阅读案例 分组讨论

1．2006年5月4日上午，某高校土木工程系2004级学生马某、韩某和其他三名同学相约到叶县孤石滩水库游玩。由于天气炎热，他们就下到水库中游泳，马某和韩某不慎滑入深水区，虽经努力营救，但不幸溺水身亡。2006年5月1日下午1时，海口某技术学院2005级电艺(3)班一名学生在假日海滩8～9区间游泳时，溺水身亡。

2．2006年4月30日18时，北京大学中文系2002级本科一名女生在云南省丽江市旅游途中，因发生车祸不幸死亡，事故中受伤的还有清华大学两名学生。

3．2008年10月4日，广东省肇庆市鼎湖区砚洲岛发生一起旅游安全事故。两名随单位参加拓展旅游的游客在自由活动时，违反旅游合同约定，擅自下西江戏水、游泳，在深水处溺水后死亡。

情感体验　实际演练

1．在外地旅游时和家长失散了，你想用什么办法与家长或旅行团取得联系？这时有个陌生人要带你去寻找家长或旅行团，你该怎么办？

2．你的腿部被树枝划破出血，你该如何包扎？

预防与应对

1．不到危险的地方去，不做危险的游戏，不参加危险的活动。比如：不玩投掷土块、砖块、石头的游戏；不玩向人打弹弓的游戏；不玩互相打斗的游戏；不玩手持刀枪、木棒伤人的游戏等。

2．不翻越墙头，不跨越栏杆，不攀爬树木、电线杆、架子、高台等。不拆卸各种电器等。

3．外出要和家长打招呼，不单独进行爬山、游泳、抓蟋蟀、采野菜等野外活动。家长不同意就不要去。

4．在活动或游戏中要树立安全意识，避免受到伤害。如果发生危险，要听从成人安排，或者利用条件，有效地保护自己。

5．节假日旅游或外出要注意安全，无论是乘车、行走、饮食、住宿或携带物品等都要注意安全。

学儿歌

保安全

假期过得要安全，上网不能长时间。
黄色书籍不要看，不要独自去水边。

外出旅游保平安，坐车乘船讲安全。
游山玩水要谨慎，出现事故要冷静。

危险活动不参加，危险游戏不沾边。
危险地方不能去，凡事都要讲安全。

第6课　爱护公物

今天开主题班会，班主任号召大家要爱护公物。“爱护公物是每名学生应遵守的公共道德，也是每名学生应该具备的美德，咱们班谁做得好啊？”班主任话音刚落，有名学生就举手了，“我说，咱们班赵小霞做得好，每天早上，她都主动给学校的草和树浇水，爱护学校的一草一木。”

“我说，钱大伟做得好，班级的桌椅坏了，他利用周日休息时间修好了。”又有一名学生说。

孙皓慢条斯理地说：“我看还是李白水做得好。他放假主动看护学校。上次有个盗贼开着三轮车偷学校的木板，李白水追了半天没追上，于是他灵机一动记住了车牌号，拨打了“110”，最后把盗贼抓住了，把木板拉了回来，学校的财物没有受到损失。”

“我说……”

“我说……”

一个又一个学生举手。

这时，坐在东北角的周云同学不好意思地站起了起来，“老师，上次我把班级花盆打碎了，没有爱护班级物品。”班主任微笑着说：“我都知道了，是你不小心打碎了花盆，你不是用零花钱又给班级买了一个花盆吗？你这样做就对了，损坏集体东西要赔偿。”班主任又接着说：“同学们做得都很好，希望大家继续保持爱护公物的好习惯。爱护公物，要用心去爱，用实际行动去爱。”

想一想 说一说

同学们是怎样爱护公物的？你怎样向他们学习？

看一看 学一学

1. 不踩踏学校和路边的花草。
2. 不破坏公共场所的标志和路牌。
3. 不要在文物古迹或建筑物上面乱刻乱写。
4. 发现有破坏公物的游客要告诫和阻止，或拨打“110”报警。

①

②

③

④

阅读案例 分组讨论

1．一座高压电力输送塔突然拦腰倒塌，事故造成直接经济损失200余万元。经调查，倒塌原因竟是电塔底部被人偷走了68块钢条，而偷走钢条的竟是9个未成年的孩子！

2．上体育课的时候，刘某和吴某在操场上打篮球。刘某看见旁边洗手池的水龙头坏了，正不断地往外流水，想去告诉老师。吴某却说：“你真是爱多管闲事，又不是你家的水龙头坏了。学校里的水龙头坏了自然会有人管的，咱们还是抓紧时间打球吧。”

情感体验　实际演练

1．你发现一名学生把校园的玫瑰花折了一枝，应该怎么办？

2．学校的草坪缺水，有个别地方枯萎了，班级准备推举“爱心使者”坚持天天浇草坪，你是否报名参加呢？

预防与应对

1．养成爱护公物的好习惯。

2．不在草坪上走，不折学校和路旁的花和树枝。

3．不击打学校和其他公共场所的玻璃或器物。

4．不偷、拿公物，盗窃公物属违法犯罪行为。

5．不破坏路边的公用电话亭、卫生箱、车站站牌、路灯等公用设施，破坏公用设施也属违法犯罪行为。

6．发现犯罪分子盗窃和破坏公物，要与其智斗，不能硬拼，应马上拨打“110”报警。

7．爱护公物从我做起，从小事做起，逐步养成爱护公物的好品格。

学儿歌

要记住

小朋友，要记住，公共财物要爱护。
毁坏公物要赔偿，盗窃公物要惩处。

学儿歌，要记住，大家都来爱公物。
人人都要学法律，防止违法犯错误。

第7课 自觉遵守公共秩序

吴可不但学习好，而且品德好。她从小就养成了自觉遵守公共秩序的好习惯，上下公共汽车排队，见到老人和抱小孩的妇女主动让座；在电影院看电影时，有的同学大声喧哗，她主动劝告；在体育场看篮球比赛，有的同学起哄、扔东西，她出面制止。

吴可说：“没有良好的公共秩序，就不会有正常的学习、生活、工作保障。不遵守公共秩序，容易出现安全事故。只有每个人自觉遵守公共秩序，才能保障一切活动的正常进行。”

她不仅是这样说的，也是这样做的。有一次，学校召开运动会，在起跑处有两个学生发生口角打了起来，周围马上围了很多人，比赛无法进行。正在这时，吴可跑过来，她是起跑处维护治安的监督员，所以她严厉斥责了两名学生，并和老师一起将这两名学生拉开，使比赛继续进行。运动会闭幕后学校表扬了吴可，同学们都称她是“遵守和维护公共秩序的小模范”。

想一想 说一说

吴可是怎样自觉遵守公共秩序的？现实生活中你如何向她学习？

看一看 学一学

1. 不在操场上追逐打闹。
2. 不在会场上大声喧哗。
3. 不随地吐痰、乱扔果皮纸屑。
4. 按照先后顺序乘车、乘船，购票、交费。

①

②

③

④

阅读案例 分组讨论

1．2006年11月19日，江西省都昌县某中学初一年级学生在下晚自习后，近200名学生蜂拥下楼。一名学生在拐角处弯腰系鞋带时，被后面涌来的学生挤倒，造成人群混乱，引发踩踏事故。事故导致6名学生死亡，11名学生受伤。

2．苏联革命领袖列宁，日理万机。有一次，他去理发店理发，看到人们都在等候，便问谁是最后一位。大家都知道列宁工作繁忙，争先让列宁先理发。列宁说：“谢谢同志们，还是依次序来。”说完就找个椅子坐下来看起了报纸。

情感体验 实际演练

1．中午去食堂打饭，你的同学排在前边，他看到你，让你在他前面加塞，你怎么办？

2．学校举行篮球比赛，你们班级马上要夺取冠军了，这时裁判误判了一个球，结果得了亚军。大家都很激动，有的要去评理，有的要找裁判斗气，你怎么办？

预防与应对

1．到任何公共场所，都要遵守那里的公共秩序，服从那里的人员管理和指挥。

2．在影院观看电影不要大声喧哗。

3．在体育馆观看比赛不要乱投掷东西，不要起哄。

4．在商场购物要排队，不要拥挤争抢。

5．在公园散步要注意公共卫生，不乱扔东西，不随地吐痰。

6．上学放学经过楼道不要拥挤，不追逐打闹。

7．不随便去机关、企事业单位玩耍、乱跑、喊叫。

8．如果公共场所失火，不要慌乱，要听从指挥，迅速从安全通道撤离。

学儿歌

守秩序

公共秩序要遵守，不准打仗和斗殴。
按照顺序要排队，避免事故不担忧。

大喊大叫不礼貌，起哄抛物惹人愁。
遇到危险莫慌乱，迅速逃离莫停留。

第8课 尊重他人就等于尊重自己

“尊重他人就等于尊重自己？”小军不解地问老师。老师打比方说：“就好比山谷回声，你对着山谷喊‘您好’，山谷会发回‘您好’的回声。”小军明白了，说：“就是你对他人怎样，他人也会对你怎样，你不尊重他人，他人也不会尊重你。”小军想，难怪上次给班级里那个头顶头发很少的同学起个外号叫“秃头”时，那个同学很生气，于是那个同学也给自己起个外号叫“傻蛋”。给别人起外号就是不尊重他人的表现，拿人的生理缺陷开玩笑，太不应该了。自己如果有缺陷，别人给起外号，心里该有多难受啊，要拿人心比自心。小军想，从现在开始，一定要尊重他人，要像班级里的郑言同学学习。郑言对人总是面带微笑，说话和气，还非常谦虚，从不和人吵架，虽然身高体壮，但从不欺负小同学，还特别关心爱护小同学，对有困难的同学，他总是伸出援助之手，特别有大哥

哥的样子。

有一次，一名低年级的同学开玩笑，将郑言绊倒了，郑言爬起来瞅了瞅那名小同学，可把那名小同学吓坏了。可郑言对他说了句“以后不要再这样做了，再这样会出事的”，然后就走了。郑言多宽容啊，第二天那名小同学就向他道了歉。

“尊重他人就等于尊重自己。”你是怎样理解这句话的？你要学习郑言什么美德？不尊重他人会出现什么后果？

看一看 学一学

1. 要使用文明用语。
2. 和同学要友好相处。
3. 不歧视生理上有缺陷的同学，并要关心照顾他们。
4. 要关心爱护小同学。

①

②

③

④

阅读案例 分组讨论

1．美国前总统哈里森有一次和孙子一起乘坐马车，路上一个黑人奴隶看到后站在路边向他们脱帽致敬，哈里森总统也向他脱帽还礼。孙子看到后大惑不解地问：“爷爷，你怎么能向一个奴隶致意呢？”哈里森笑着说：“孩子，你怎么能让一个奴隶都比你有礼貌呢？”

2．有一次，列宁同志下楼，在楼梯狭窄的过道上，正碰见一个女工端着一盆水上楼。那女工一看是列宁，就想退回去给列宁让路。列宁阻止她说：“不必这样，你端着东西已走了半截，而我现在空手，请你先过去吧！”他把“请”字说得很响亮，很亲切。然后自己紧靠着墙，让女工上了楼，他才下楼。

预防与应对

1．培养好品格，宽容他人，不伤害他人，不侮辱他人，不要因为一点儿小事发脾气。

2．尊重他人，不辱骂他人，与同学和睦相处。不给别人起绰号，不歧视有困难、有缺陷的学生，要格外尊重有残疾的学生。

3．不做损人利己的事情，不说伤害他人的话语。不和同学发生口角，不嫉妒他人，同学之间要互相学习，互相关心，互相爱护，互相帮助，取长补短，共同提高。

4. 听从老师的教导，尊敬老师，爱戴老师。不能顶撞老师，更不能侮辱谩骂老师。

5. 遵守《小学生日常行为规范》，不打架，不骂人，不欺负小同学，不向小同学索要东西和钱物。

学儿歌

讲自尊

自尊自爱好品格，同学相处要和谐。
文明语言经常用，关爱他人暖心窝。

辱骂他人是缺德，不能欺负小同学。
不要给人起外号，尊重他人是美德。